# Die schönsten Sagen
# der Brüder Grimm

# Die schönsten Sagen der Brüder Grimm

Mit Bildern von Lev Kaplan

esslinger

Die Titelbild-Illustration zeigt den Rattenfänger von Hameln
vor der „Aschenputtelburg" Burg Polle, erbaut um 1200.
Die heutige Burgruine befindet sich nahe Hameln an der Weser.

Weitere bei Esslinger erhältliche Märchenbücher:

Brüder Grimm / A. Archipowa: Die schönsten Märchen der Brüder Grimm
H. Chr. Andersen / A. Archipowa: Die schönsten Märchen von Hans Christian Andersen
Arnica Esterl / G. Ovani: Die schönsten Märchen aus aller Welt
A. Puschkin / G. Spirin: Die schönsten Märchen aus Russland
A. Esterl / A. Dugin / O. Dugina: Es war einmal vor langer Zeit – Fantastische Heldenmärchen

FSC
www.fsc.org
MIX
Papier aus ver-
antwortungsvollen
Quellen
FSC® C095359

# Inhalt

* Ursprünglicher Name der Sage vom Rattenfänger
  in der Originalausgabe der Brüder Grimm

10

# FRAU HOLLE

### Der Frau Hollenteich

„Wo kommen die kleinen Kinder her?"

Diese Frage stellten schon vor langer Zeit die Menschen in Hessen und die Wehmütter und kundigen Frauen zeigten dann auf den Gebirgsrücken des Hohen Meißners und sagten: „Aus dem Wasser, aus dem Brunnen der Frau Holle."

Manche alte Namen – wie die Teufelslöcher oder der Schlachtrasen – deuten dort von alters her auf Begegnungen der Menschen mit weisen Frauen und anderen übernatürlichen Wesen und Mächten.

Dort oben ist auch der Frau Hollenteich. Dieser liegt am Rande einer Moorwiese und hat gegenwärtig einen Durchmesser von etwa vierzehn Meter. Die ganze Wiese war einmal von einem Steindamm eingefasst, der im Laufe der Zeit halb untergegangen ist. So manches Mal hat sich ein Pferd dorthin verirrt und ist versunken.

Von diesem Frau Hollenteich, der auch Brunnen genannt wurde, wird viel erzählt. Frauen, die sich vergeblich Kinder wünschten und in das Wasser gestiegen sind, hat Frau Holle gesund und fruchtbar gemacht. Die neugeborenen Kinder entstammen ihrem Brunnen und Frau Holle trägt sie daraus hervor.

Aber auch Äpfel, Brot und alles, was sie in ihrem unvergleichlichen Garten dort unter dem Teich hat, teilt sie denen aus, die ihr begegnen und die ihr gefallen.

Denn sie ist sehr ordentlich und hält auf guten Haushalt.

Wenn es schneit, sagen die Menschen deshalb: „Seht ihr? Frau Holle schüttelt ihre Betten auf, denn die Federn fliegen wie Flocken in der Luft umher."

Im Winter warnen die älteren Mägde die Neulinge in der Spinnstube: „Jetzt kommen bald die Raunächte oder Zwölften, das ist die Zeit zwischen der Weihenacht und dem sechsten Januar, in der Frau Holle um die

Häuser und Höfe wandert und schaut, wer fleißig oder wer säumig gewesen ist. Wir wollen draußen einen Tisch aufbauen und selbst Speisen darauf stellen, damit sie ihre Gaben dazu anrichten kann."

Aber auch in der Stube selbst sollte Ordnung herrschen: „Seht zu, dass ihr den Flachs ordentlich auf euren Spinnrocken wickelt und fleißig beim Spinnen seid. Dann freut sich Frau Holle und sagt:

‚So manches Haar,

so manches gute Jahr'.

Und es kann sein, dass sie euch eine Spindel schenkt und über Nacht für euch den Rocken spinnt, so dass am Morgen die Spulen voll sind. Seid ihr aber faul gewesen, so dass sie auf dem Rückweg in ihrem Berg die Reste hängen sieht, dann sagt sie:

‚So manches Haar,

so manches böse Jahr'.

Und sie besudelt den Rocken oder verwirrt das Garn auf den Spulen und auf der Haspel so sehr, dass am Ende alles Garn gänzlich verhaspelt ist und ihr von vorne anfangen müsst. Faulenzer haben erlebt, dass sie ihnen die Bettdecke weggezogen und die

Schlafenden nackt auf den kalten Steinboden gelegt hat. Aber die fleißigen Mägde, die schon frühmorgens in rein gescheuerten Eimern Wasser zur Küche tragen, finden hernach unerwartet Silbergroschen in ihren Eimern."

## Frau Holle und der treue Eckart

Im Frühjahr geht Frau Holle im Land umher und verleiht den Äckern Fruchtbarkeit; dabei wird sie begleitet von kleinen Kinder, die bald geboren werden. Sie kann die Leute aber auch erschrecken, wenn sie im Herbst oder zur Wintersonnenwende auf ihrem Wagen neben dem Wilden Jäger und seinem Heer von Geistern durch den Wald fegt.

In Thüringen wird erzählt wie einst Frau Holle mit dieser wilden Meute durch das Dorf Schwarza zog. Voran aber ging der treue Eckart, ein alter Mann mit weißen Haaren und einem Stab in der Hand und warnte die Leute, aus dem Wege zu gehen und die Augen zu schließen, damit ihnen kein Leid widerfahre.

13

Ein paar Bauernknaben hatten gerade Bier in der Schenke geholt, das sie nach Hause tragen wollten, als der Zug erschien. Sie wandten sich aber nicht ab, sondern sahen dem Treiben zu. Die höllischen Geister nahmen jedoch die ganze breite Straße ein, da wichen die Dorfjungen mit ihren Kannen zur Seite und duckten sich in eine Ecke. Bald nahten einige Rachegöttinnen aus der Geisterschar, nahmen die Kannen und tranken sie aus. Die Knaben schwiegen aus Furcht ganz stille, wussten aber nicht, wie es ihnen zu Hause ergehen würde, wenn sie mit leeren Krügen kämen. Sie hatten ja auch kein Geld, um noch einmal Bier zu kaufen.

Endlich trat der treue Eckart zu ihnen und sagte: „Das riet euch Gott, dass ihr kein Wörtchen gesprochen habt, sonst wären euch eure Hälse umgedreht worden. Geht nun flugs heim und sagt keinem Menschen etwas von dieser Geschichte, so werden eure Kannen immer voll Bier sein."

Das taten die Knaben und es stimmte, die Kannen wurden niemals leer und das Bier schmeckte den Leuten vorzüglich.

Drei Tage hielten die Knaben sich an die Warnung, dann aber konnten sie es nicht länger verheimlichen, sondern erzählten übermütig ihren Eltern, was ihnen geschehen war. Da war es aber aus mit dem Bier und die Krüge versiegten für immer.

## Frau Holle und der Bauer

Einmal fuhr Frau Holle wie ein Sturmwind durch den Wald, da begegnete ihr ein Bauer, der ins Holz gegangen war.

„Du kommst mir eben recht", sagte Frau Holle und hielt die Pferde an. „Nimm dein Beil und verkeile mir das Rad am Wagen."

Der Bauer arbeitete fleißig, dass die Späne flogen, schnitt einen Keil und schlug ihn vor die Nabe, damit das Rad nicht ausscheren konnte.

Als er fertig war, sprach Frau Holle: „Sammle die Späne ein und nimm sie als Lohn mit."

Darauf fuhr sie mit ihrem Wagen davon. Dem Bauern kamen die Späne als Belohnung spärlich und unnütz vor, deshalb ließ er die meisten lie-

gen, steckte aus Trägheit bloß etwa drei Stück in die Tasche und nahm sie mit. Wie er nach Hause kam und in den Sack griff, waren die Späne eitel Gold. Sofort kehrte er um und wollte auch die anderen holen, die er hatte liegen lassen. Aber wie er auch suchte, es war zu spät und er konnte nichts mehr finden.

# DAS RIESENSPIELZEUG

Im Elsass in den Vogesen liegt auf einem hohen Berg nahe Oberhaslach die Ruine einer Burg. Die letzten Bewohner der Burg waren Raubritter, ehe die Mauern verlassen wurden und zerfielen. Aber die ersten Bewohner, waren sie Riesen? Vorzeiten, so wird erzählt, waren die Ritter auf der Burg Nideck große Riesen. War es für Menschen schwer, die steile Wand zum Gipfel hinaufzusteigen, brauchten die Riesen nur einen Riesenschritt zu tun und schon waren sie oben. Unterhalb der Burg stürzte damals wie auch heute noch ein Wasserfall fünfundzwanzig Meter in die Tiefe. Einmal ging das Riesenfräulein, die Tochter des Ritters, hinab ins Tal, weil sie neugierig war, was da unten zu sehen wäre. Sie kam fast bis nach Haslach und trat auf ein vor dem Wald gelegenes Ackerfeld, das gerade von den Bauern bestellt wurde. Verwundert blieb sie stehen und schaute sich den Pflug, die Pferde und die Leute an. So etwas hatte sie noch nie gesehen.

„Ei", sprach sie und bückte sich, „das nehme ich mir mit."

Sie kniete hin auf die Erde, breitete ihre Schürze aus, strich mit der Hand über das Feld, sammelte alles ein und legte es behutsam hinein. Dann lief sie ganz vergnügt nach Hause und sprang die Felsen dort hinauf, wo der Berg so steil ist, dass ein Mensch mühsam klettern muss.

Der Riese saß gerade am Tisch, als sie eintrat. „Ei, mein Kind", sprach er, „was bringst du denn da? Die Freude leuchtet dir ja aus den Augen!"

Sie machte geschwind ihre Schürze auf und ließ ihn hineinblicken. „Was zappelt denn da so?" – „Vater, ist das nicht ein köstliches Spielzeug? So was Schönes habe ich mein Lebtag noch nicht gehabt."

Sie nahm eins nach dem anderen heraus und stellte es auf den Tisch: den Pflug und die Bauern mit ihren Pferden. Dann lief sie herum, schaute es sich an, lachte und klatschte vor Freude in die Hände, wie sich die kleinen Gestalten darauf hin und her bewegten.

Aber der Vater sprach: „Kind, da hast du was Schönes angestellt, das ist kein Spielzeug! Geh nur gleich und trage alles wieder ins Tal hinab."

Die kleine Riesin weinte, aber es half nichts.

„Für mich ist der Bauer kein Spielzeug", sagte der Riese ernst. „Und ich dulde nicht, dass du schmollst. Sammle alles vorsichtig wieder ein und trage es zurück an denselben Platz, wo du es weggenommen hast. Wenn der Bauer sein Ackerfeld nicht bebaut, haben wir Riesen auf unserem Felsennest auch nichts, wovon wir leben können."

19

# DIE TEUFELSMÜHLE

Woher kommen die großen Granitblöcke, die auf dem Gipfel des Rammberges im Harz liegen? Etliche liegen dort zerstreut, viele aber auch in seltsamer Weise geschichtet. Sie werden „Die Teufelsmühle" genannt. Ein Müller hatte sich einst am Abhang des Berges eine Windmühle gebaut, aber sie stand so ungünstig, dass es immer wieder an Wind fehlte. Da wünschte er sich oft eine, die oben auf dem Berggipfel stünde, wo der Wind sie beständig in Gang halten würde. Es war aber unmöglich, sie mit Menschenhänden zu erbauen. „Ich werde keine Ruhe haben", dachte er, „bis ich dort oben eine Mühle besitze." Als er so trotzig immer wieder darauf beharrte, erschien ihm der Teufel.

„Ich werde sie für dich bauen", sagte er, „aber wir müssen den Preis zuerst aushandeln."

Nach langem Abwägen verschrieb der Müller seine Seele dem Grünrock. Er verlangte dafür aber vom Teufel, dass er noch dreißig Jahre zu leben hätte. Außerdem forderte der Müller: „Es soll eine tadelfreie Mühle von sechs Mahlgängen werden, die auf dem Gipfel des Berges steht und dazu noch in der nächstfolgenden Nacht vor Hahnenschrei fix und fertig sein muss."

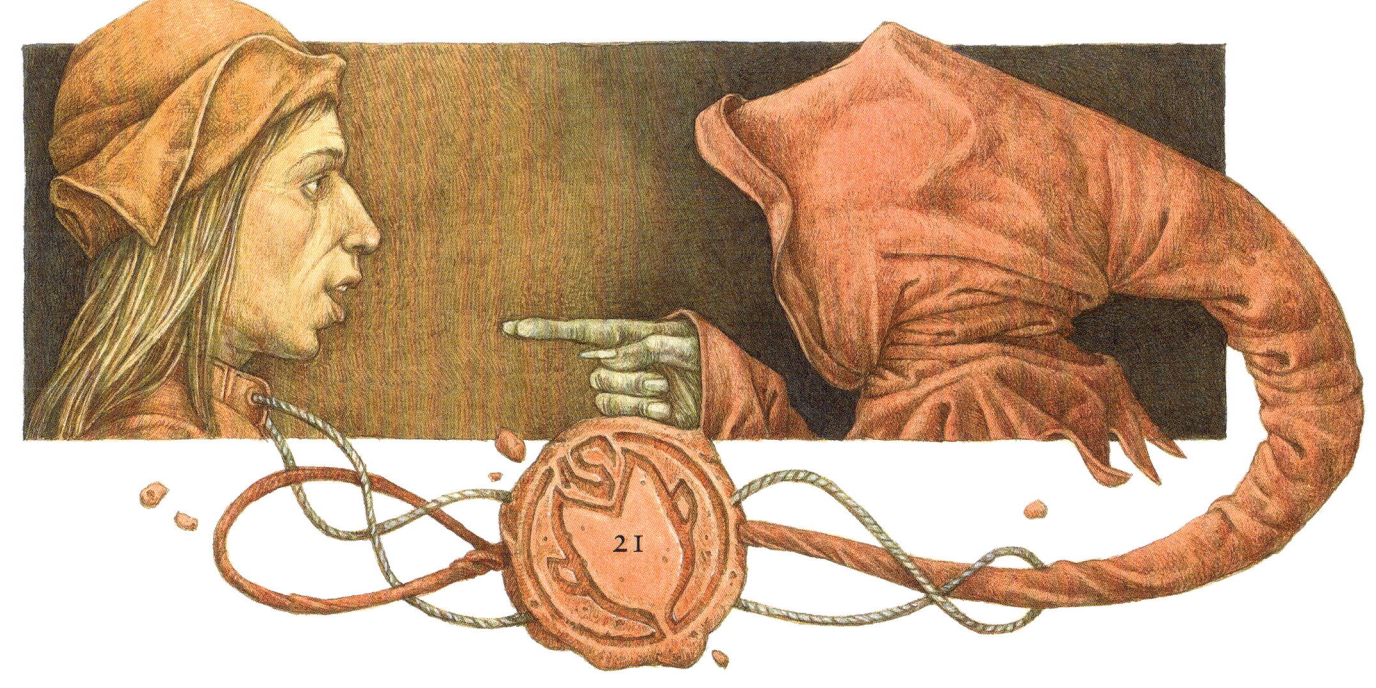

Der Teufel hielt sein Wort und holte um Mitternacht den Müller ab, um die fertige Mühle zu besichtigen und übernehmen zu lassen. Der Müller fand alles in vollkommener Ordnung und war zitternd bereit, sie abzunehmen, als er eben noch entdeckte, dass einer von den unentbehrlichen Steinen fehlte. Der Teufel erkannte den Fehler und wollte ihn augenblicklich beheben. Schon schwebte er mit dem Stein durch die Lüfte herbei, als der Hahn auf der unteren Mühle krähte. Wütend fasste der Böse das neue Gebäude, riss die Flügel, die Räder und die Wellen ab und streute sie weit umher. Dann schleuderte er auch die Granitblöcke um sich, so dass sie den ganzen Rammberg bedeckten. Nur ein kleiner Teil der Grundmauern blieb stehen zum Andenken an seine Mühle.

24

# DER DOM ZU KÖLN

Auf dem Platz, wo heute der Kölner Dom hoch aufragt, etwa zweihundertfünfzig Meter vom Rhein entfernt, stand schon seit Anfang unserer Zeitrechnung ein Heiligtum, das vielfach umgestaltet wurde.

Unter der Herrschaft von Karl dem Großen wurde an dieser Stelle der „Alte Dom" gebaut und im Jahre 877 eingeweiht. Als dann aber 1158 die Reliquien der Heiligen Drei Könige als Geschenk von Mailand nach Köln gebracht und die heiligen Gebeine dort auf dem Hochaltar gezeigt wurden, konnte der alte Dom die stetig anwachsenden Pilgerströme nicht mehr fassen. Deshalb beschloss man, im gotischen Baustil der damaligen Zeit einen ganz neuen Dom zu errichten.

Im Jahre 1248 wurde Meister Gerhard als Dombaumeister berufen. Er erdachte und entwarf einen Dom mit sieben Chorkapellen, größer und schöner als bis dahin ein Gotteshaus in unserem Land zu sehen war.

Obwohl er jeden Arbeitsgang selbst erfinden, planen und durchführen lassen musste, ging die Arbeit gut voran.

Nun erzählt die Sage, dass zu gleicher Zeit der Stadtrat beabsichtigte, eine Wasserleitung für die Stadt Köln anzulegen, um die Bürgerschaft mit frischem Wasser aus einer Quelle versorgen zu können. Mit diesem Plan wurde ein anderer Meister beauftragt. Da vermaß sich der Baumeister des Domes und spottete: „Was für ein geringes Werk soll denn da entstehen? Und das wollt Ihr fertigbringen? Ich sage Euch, Meister: Dieses große Münster soll eher vollendet sein als Euer kleiner Wasserbau."

Diese kühne Erwartung konnte er allerdings nur aussprechen, weil er allein wusste, wo die Quelle lag, die das Wasserwerk speisen sollte. Er hat dieses Geheimnis einzig seiner Frau anvertraut und ihr streng eingeprägt: „Ich gebiete dir bei Leib und Leben, es wohl zu bewahren und nichts zu verraten."

So nahm der Bau des Domes einen guten Fortgang, aber mit der Wasserleitung konnte nicht angefangen werden, weil der Meister vergeblich eine Quelle suchte.

Da fragte ihn eines Abends seine Frau: „Aber lieber Mann, warum grämst du dich so sehr?"

„Ach", klagte er, „wie soll ich eine Leitung bauen, wenn ich die Quelle nicht finden kann? Der Dombaumeister hat mit mir gewettet, dass er sein Werk zuerst fertigstellen werde. Er weiß vielleicht insgeheim, wo das Wasser zu finden wäre."

„Nun, so lass es meine Sache sein, dir zu helfen", sagte seine Frau.

Bald darauf trafen die zwei Frauen wie zufällig auf dem Markt zusammen. „Na, Frau Dombaumeisterin, das ist ja ein schönes Gotteshaus, das Euer Gatte errichtet!", fing die Frau des Meisters ein Gespräch an.

„Ja", antwortete diese stolz, „es geht voran und wird wohl bald gelingen."

„Und wenn nun doch noch das kleine Wasserwerk vorher gebaut wird?"

„Das ist nicht möglich, wie sollte ein Wasserwerk ohne Wasser auskommen?"

„Jaja, es ist schon seltsam, dass auf dem ganzen großen Platz am Rheinufer kein frisches Wasser gefunden wurde." – „Das gibt es schon, aber es wurde gut versteckt!" – „Wie kann denn Wasser versteckt werden?"

In ihrer Selbstgefälligkeit vergaß die Frau des Dombaumeisters jede Vorsicht und auch ihr Versprechen und raunte der anderen zu: „Wenn es gleich am Anfang mit einem schweren Stein bedeckt und eingebaut wird, wer sollte es dann je finden?" – „Nicht möglich!"

„Aber ja! Ich zeige Euch die Stelle, Ihr werdet staunen!"

Frau Dombaumeisterin führte die listige Frau in den neu gebauten, aber noch unfertigen Turm des Doms und zeigte ihr die Stelle, wo das Wasser zu finden war. Nun war ihrem Mann geholfen und am folgenden Tag ging er zu dem Stein, klopfte darauf, so dass die Quelle hervordringen konnte.

Als der Dombaumeister sein Geheimnis verraten sah und mit seinem stolzen Versprechen zu Schanden werden musste, weil die Wasserleitung ohne Zweifel nun in kurzer Zeit ausgeführt würde, verfluchte er

26

im Zorn seinen eigenen Bau, dass er nimmermehr vollendet werden sollte. Bald darauf starb er vor Traurigkeit. Hat man fortan an dem Dom weiter gebaut, so war, was am Tage zusammengebracht und aufgemauert stand, am anderen Morgen eingefallen, und wenn es noch so gut eingefügt war und aufs Festeste haftete. Von nun an ist kein einziger Stein mehr hinzugekommen und der Bau blieb lange, lange Zeit unvollendet.

Eine andere Sage erzählt, dass der Teufel neidisch war auf das stolze und heilige Bauwerk, das der Meister Gerhard erfunden und begonnen hatte. Er wollte selbst nicht ganz leer dabei ausgehen und hätte am liebsten die Vollendung des Domes verhindert.

Also ging der Teufel mit Herrn Gerhard eine Wette ein und kündigte an: „Ich will früher einen Bach von Trier bis ganz nach Köln führen und das Wasser hierher treiben, als Ihr mit Eurem Bau fertig werden könnt. Wenn mir das gelingt, so soll Eure Seele mir zugehören."

Herr Gerhard war nicht säumig mit seiner Leistung, aber der Teufel kann teufelsschnell arbeiten!

Eines Tages stieg der Meister auf den zweiten Stock des Turmes, der schon so hoch war, wie er noch heute ist und das erste, was er von oben herab erblickte, waren Enten, die schnatternd von einem Wasserlauf, den der Teufel herbeigeleitet hatte, aufflogen. Da sprach der Meister in grimmem Zorn: „Zwar hast du, Teufel, gewonnen, aber lebendig sollst du mich nicht haben."

So sprach er und stürzte sich Hals über Kopf vom Turme herunter. In Gestalt eines Hundes sprang der Teufel pfeilschnell hintennach und schnappte sich seine Seele.

Diese beiden Gestalten wurden in Stein gehauen und sind als Wasserspeier noch jetzt am Dom zu sehen.

Auch soll, wenn man sich mit dem Ohr auf die Erde legt, der Bach zu hören sein, wie er gluckernd unter dem Dome wegfließt.

Die Arbeit ging jetzt nur noch schleppend voran. Zwar wurden der Oberchor mit seinen riesigen Fenstern sowie das steile Dach vollendet und geweiht, aber nach Westen wurde der

Bau in seiner vollen Höhe nur noch
mit einer provisorischen steinernen
Trennwand abgeschlossen.
Diese Wand wurde im Jahre 1304
fertiggestellt und ist, zusammen mit
dem nur zweistöckigen Turmfrag-
ment, bis 1863 stehen geblieben.

30

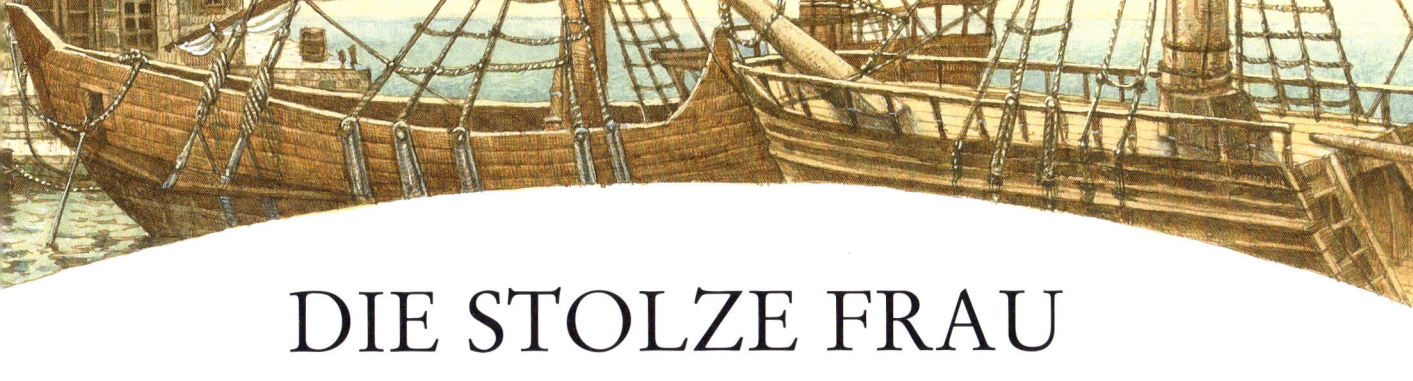

# DIE STOLZE FRAU
# VON STAVOREN

In alter Zeit, als Amsterdam noch keinen Namen hatte und Rotterdam ein kleines Dorf war, lag am Rande der Südersee die große Hansestadt Stavoren. Der Hafen im westlichen Friesland hatte eine direkte Durchfahrt zur Nordsee und die Handelsschiffe der Bewohner befuhren alle großen Meere der Welt. Die Bürger wurden immer reicher – und mit dem Reichtum kam der Stolz. Man sagt, dass sie ihre Haustüren mit Gold beschlagen ließen und ihre Grundstücke mit silbernen Ketten abgrenzten.

Die Reichste unter ihnen war aber eine noch junge Witwe. Niemand wusste, wie viele Schiffe sie besaß und welche Schätze sie in ihrem Haus angesammelt hatte. Wohlhabend war sie und stolz auf ihr Hab und Gut, aber hart gegen die Menschen. Wenn sie auf dem Hafenkai stand und nach ihrer Flotte Ausschau hielt, achtete sie nicht auf die Armen und Dürftigen um sie herum und wenn ein

Bettler sich ihr näherte, scheuchte sie ihn mit einer ungeduldigen Handbewegung fort. Ja, steinreich war sie, aber nicht zufrieden.

Eines Tages rief die Witwe ihren ältesten, erfahrenen Kapitän zu sich und befahl ihm: „Rüste dein Schiff für eine lange Reise, fahre aus und bringe mir eine Ladung des Edelsten, Besten und Kostbarsten, was auf der Welt zu finden ist!"

Der Kapitän erschrak. Er war an klare Aufträge gewöhnt und bat: „Herrin, gebt mir nähere Weisung, sagt mir, was ich holen soll und wo sich es finden kann oder wählt einen jüngeren Schiffmeister, ich bin schon alt."

Aber die Witwe bestand zornig auf ihr Wort und hieß ihn alsbald in See stechen.

Der Kapitän fuhr unschlüssig ab. Er kannte den bösen und strengen Sinn seiner Herrin und wusste nicht, wie er den Befehl zu ihrer Zufriedenheit befolgen könnte. Er erinnerte sich an

die kostbaren Seidenstoffe aus dem fernen Osten oder an die funkelnden Edelsteine aus dem fernen Süden, die er ihr gebracht hatte.

Nach reiflicher Überlegung steuerte er nach der Handelsstadt Danzig. Dort war gerade die neue Getreideernte eingefahren worden. In den Kornhäusern lagerte der frische Weizen. Der Kapitän sah die golden glänzenden Körner und dachte: „Ich will ihr eine Ladung dieses köstlichsten Weizens bringen, was ist Schöneres und Edleres zu finden auf Erden, als dieses herrliche Korn, dessen kein Mensch entbehren kann?"

Er befrachtete sein Schiff mit ausgesuchtem Weizen und kehrte dann, immer noch unruhig und sorgenvoll, wieder in seine Heimat zurück.

Die Witwe kam ihm auf dem Kai entgegen. „Wie, Schiffer", rief sie aus, „du bist schon hier? Ich glaubte dich an der Küste von Afrika, um Gold und Elfenbein zu handeln. Lass sehen, was du geladen hast."

Zögernd, denn er ahnte bei ihren Worten schon, wie wenig ihr sein Einkauf behagen würde, antwortete er: „Herrin, ich bringe Euch den köstlichsten Weizen, der auf dem ganzen Erdreich mag gefunden werden. Ein solcher Weizen wächst nicht einmal auf unserem fruchtbaren friesischen Boden."

Die Witwe wurde bleich vor Zorn. „Weizen? So elendes, gewöhnliches Zeug bringst du mir?" – „Ich dachte, das wäre so elend nicht, was uns unser tägliches und gesundes Brot gibt". – „Ich werde dir zeigen, wie verächtlich mir deine Ladung ist. Von welcher Seite hast du das Schiff beladen lassen?" – „Von der rechten, der Steuerbordseite." – „Wohlan, so befehle ich dir, dass du zur Stunde die ganze Ladung auf der linken, der Backbordseite, in die See schüttest. Ich werde selbst kommen und schauen, ob du meinen Befehl ausgeführt hast." Damit eilte sie davon.

Der Kapitän versuchte, dem so sündigen Gebot nicht gleich zu folgen und berief in der Eile alle armen und bedürftigen Leute aus der Stadt an die Stelle, wo das Schiff lag. Er hoffte, durch ihren Anblick das Herz der Herrin zu bewegen.

Sie kam und fragte: „Wie ist mein Befehl ausgerichtet?"

32

Da fielen die Armen vor ihr auf die Knie und baten, dass sie doch lieber ihnen das Korn austeilen möchte, als es vom Meer verschlingen zu lassen. Aber das Herz der Witwe war hart wie Stein und sie erneuerte den Befehl, die ganze Ladung sofort über Bord zu werfen.

Nun bezwang sich der alte Schiffmeister nicht länger und rief laut: „Nein, diese Bosheit kann Gott nicht ungerächt lassen. Wenn es wahr ist, dass der Himmel das Gute belohnt und das Böse straft, so wird der Tag kommen, wo Ihr gerne die edlen Körner, die Ihr so verspielt, eins nach dem anderen auflesen möchtet, Euren Hunger zu stillen."

„Wie, ich soll in Armut fallen? Ich soll hungern?", rief sie mir höllischem Gelächter, „So wahr das geschieht, so wahr sollen auch meine Augen diesen Ring wieder erblicken, den ich hier in die Tiefe des Meeres werfe!"

„Du, Kapitän, bist auf der Stelle entlassen!", fügte sie hinzu.

Bei diesen Worten zog sie einen kostbaren Ring vom ihrem Finger und warf ihn in hohem Bogen in die Wellen. Die ganze Ladung des Schiffes,

33

aller Weizen, wurde daraufhin in die See ausgeschüttet.

Einige Tage danach ging die Magd der Witwe auf den Markt, kaufte einen großen Schellfisch und wollte ihn für ein festliches Mahl in der Küche zubereiten. Als sie ihn aufgeschnitten hatte, fand sie in dem Fischmagen einen kostbaren Ring. Sie ging und zeigte ihn ihrer Herrin. Als die Witwe ihn sah, erkannte sie sogleich den Ring, den sie kürzlich ins Meer geworfen hatte. Sie erbleichte und spürte die ersten Vorboten der Strafe in ihrem Gewissen.

In diesem Augenblick traf die Botschaft ein, dass ihre ganze aus dem Morgenland kommende Flotte gestrandet wäre. Wenige Tage später erfuhr sie vom Untergang noch anderer für sie bestimmter und reich beladener Schiffe. Ein weiteres Schiff wurde gekapert und einige Kaufhäuser, an denen sie beteiligt war, wurden geschlossen.

Kaum war ein Jahr verflossen, so erfüllte sich das schreckliche Drohwort des Schiffmeisters.

Arm und von keinem betrauert, von vielen verhöhnt, versank sie in Not und Elend. Hungrig bettelte sie vor den Türen um Brot und bekam keinen Bissen. Endlich verkümmerte sie und starb einsam und verzweifelnd.

Der Weizen aber, der ins Meer geschüttet worden war, fing das folgende Jahr an zu wachsen und zu sprießen.

Schon freuten sich die Bewohner auf eine unerwartete Ernte, da stellte sich heraus, dass die Ähren leer waren und keine Körner trugen. Es wuchs nur taubes Korn, Dünenhelm auf dem Meeresboden. Die Ähren hielten den anspülenden Sand fest, der Hafen versandete immer stärker und die großen Schiffe suchten sich andere Fahrwege und mieden Stavoren. Die ganze Stadt verarmte. Auf eine Zeit öffnete sich bei Sturmflut die See und überschwemmte die reichen Häuser der einst so stolzen Stadt.

Noch immer wächst an derselben Stelle ein Gras aus dem Wasser, das kein Kräuterkenner nennen kann. Die langen Halme sind leer und ohne Körner. Die Sandbank aber, worauf es grünt, liegt fest vor der Stadt Stavoren und wird „Der Frauensand" genannt.

36

# DIE KINDER
# ZU HAMELN

Wer ist dieser seltsame Mann im bunten Rock, der plötzlich in Hameln auftaucht?

„Das ist der Bundting!", behaupteten einige Bewohner und bald folgte ihm eine ganze Traube Menschen nach. Der Fremde ging zum Markt und als sich eine große Menge um ihn versammelt hatte, fing er an zu reden: „Bürger von Hameln! Ich bin ein Rattenfänger. Und ich verspreche euch, diese schöne Stadt von allen Mäusen und Ratten zu befreien. Aber ich verlange eine bestimmte Summe Geld dafür und die müsst ihr mir garantieren."

Die Bürger überlegten: „Schon lange fressen diese Tiere unsere Vorräte und verschmutzen unsere Häuser. Wir würden doch alles dafür geben, sie loszuwerden." Und sie versicherten dem Fremden: „Ja, wenn Euch diese Aufgabe gelingt, sollt Ihr den bestimmten Lohn haben."

Der Rattenfänger zog nun ein Pfeifchen aus der Tasche und pfiff, da kamen aus allen Häusern, Scheunen und Kellerlöchern die Ratten und Mäuse hervorgekrochen und liefen auf einen Haufen zusammen. Als er meinte, es wären keine zurückgeblieben, ging er mit seiner Pfeife zu der Stadt hinaus und der ganze Pack folgte ihm. Er führte sie an die Weser. Dort schürzte er sein Gewand und stieg in das Wasser und alle Tiere folgten ihm, stürzten in den Fluss, wurden von dem Strom mitgerissen und ertranken.

Aber jetzt, nachdem die Bürger von ihrer Plage befreit waren, reute sie der versprochene Lohn. Als der Rattenfänger zurückkam und verlangte: „Zahlt mir das Geld, das ihr mir zugesichert habt!", suchten sie allerlei Ausflüchte und sagten: „Nein, es ist uns nicht möglich, wir wollen den versprochenen Lohn jetzt nicht zahlen." Der Fremde wurde zornig.

Aber die Bürger beharrten darauf: „Nein, das Geld bekommt Ihr nicht." Da verließ der Fremde erbittert die Stadt.

Im Hochsommer erschien er wieder. Jetzt trug er einen grünen Jägerrock, hatte ein furchterregendes Gesicht und auf dem Kopfe einen roten, selt-

samen Federhut. In den Gassen ließ
er wieder seine Pfeife hören. Aber
diesmal kamen nicht Ratten und
Mäuse, sondern Kinder, Jungen und

Mädchen vom vierten Jahr an, in
großer Anzahl herbeigelaufen. Auch
die schon erwachsene Tochter des
Bürgermeisters war dabei.

Der ganze Schwarm folgte ihm nach und er führte sie aus der Stadt hinaus zu einem Berg. Ein Kindermädchen, das mit einem Kind auf dem Arm von Weitem zugeschaut hatte, kehrte in die Stadt zurück und berichtete: „Der Fremde hat den Berg geöffnet und ist mit allen Kindern hineingegangen und verschwunden. Hinter ihm hat der Berg sich aber wieder geschlossen."

Haufenweise liefen nun die Eltern zum Stadttor hinaus und suchten ihre Kinder, aber alles war vergeblich. Die Mütter erhoben ein jämmerliches Schreien und Weinen. Sie sandten Boten zu Wasser und zu Land weit umher, um zu erkundigen, ob man die Kinder, oder auch nur einige von ihnen, irgendwo gesehen hätte. Hundertdreißig Kinder waren verloren gegangen.

Zwei hatten sich verspätet und waren nach einiger Zeit zurückgekommen. Aber das eine war blind und das andere war stumm.

„Sie können uns nicht helfen", sagte eine Mutter. „Denn der Blinde kann nur erzählen, wie sie dem Pfeifchen des Spielmanns gefolgt sind, aber er kann uns den Ort am Berg nicht zeigen. Der Stumme kann uns den Ort zeigen, aber nicht erzählen, was geschehen ist."

Ein kleiner Junge war auch im Hemdlein mitgelaufen und halbwegs umgekehrt, um seinen Rock zu holen. Dadurch war er dem Unglück entkommen.

Die Straße, worüber der Fremde die Kinder zum Stadttor hinaus geführt hat, heißt noch heute „die tonlose Straße", weil darin keine Musik erklingt und nicht getanzt werden darf. Sogar wenn eine Braut mit Musik zur Kirche gebracht wurde, mussten die Spielleute über diese Gasse hinweg schweigen. Neben dem Poppenberg, wo die Kinder verschwunden sind, stehen links und rechts zwei Steine in Kreuzform und besagen, dass das Unglück im Jahre 1284 geschehen ist.

Einige sagen, dass die Kinder durch eine lange Höhle geführt wurden und in Siebenbürgen wieder herausgekommen wären, aber niemand hat sie je wieder gesehen.

# DER KAISER UND DIE SCHLANGE

Warum steht in Zürich eine Wasserkirche?

Als Karl der Große einst in Zürich residierte, in dem Haus, das „Zum Loch" genannt wurde, ließ er vor dem Tor des Hauses eine Säule aufrichten.

Oben an der Säule hing eine Glocke mit einem langen Seil. Und er ordnete an: „Jeder, der die Handhabung des Rechtes fordert, darf an dem Seil ziehen und die Glocke läuten, so oft der Kaiser beim Mittagsmahl sitzt."

Eines Tages geschah es, dass die Glocke erklang, aber die hinzugehenden Diener beim Seil niemand finden konnten. Es läutete aber erneut und immer wieder. Da befahl der Kaiser den Dienern, nochmals hinauszugehen und genau achtzugeben.

Nun sahen sie, dass eine große Schlange sich der Säule näherte und den Glockenstrang zog. Bestürzt meldeten sie es dem Kaiser.

Der stand auf und sagte: „Ich werde hinausgehen und dem Tier nicht weniger als den Menschen Recht sprechen."

Nachdem der Wurm ehrerbietig vor dem Fürsten den Kopf geneigt hatte, führte er ihn an das Ufer eines Wassers. Dort war das Nest der Schlange, aber auf dem Nest mit den Schlangeneiern saß eine übergroße Kröte.

Der Kaiser prüfte den Streit der Tiere und entschied ihn dahin, dass er der Schlange Recht gab und die Kröte zum Feuer verdammte.

Dieses Urteil wurde gesprochen und ausgeführt.

Einige Tage später kam die Schlange wieder an den Hof, neigte den Kopf, wand sich auf den Tisch und hob den Deckel von einem dort stehenden Trinkgefäß auf. In das Gefäß legte sie einen kostbaren Edelstein, den sie im Maul getragen hatte, verneigte sich wiederum und glitt davon.

An der Stelle, wo die Schlange ihr Nest gehabt hatte, ließ Karl nun eine Kirche als offene Halle in einer neuen Bauweise errichten, die „Wasserkilch" oder Wasserkirche genannt wurde und er ordnete an: „Auch hier soll weiterhin jedem, der an dem Glockenstrang zieht, Recht gesprochen werden.

Den schönen Stein aber schenkte er seiner Gemahlin Fastrada, die er von Herzen liebte.

Dieser Stein hatte die geheime Kraft, dass es von da an den Kaiser beständig zu ihr hinzog. Wenn er nicht bei seiner Gemahlin sein konnte, war er traurig und sehnte sich nach ihr. Deshalb barg sie ihn in ihrer Todesstunde unter ihre Zunge. Denn sie wusste: „Wenn der Stein in andere Hände gerät, wird der Kaiser mich bald vergessen haben."

Und so wurde der Stein zusammen mit der Kaiserin begraben. Aber der Kaiser vermochte sich gar nicht zu trennen von dem Leichnam. Er ließ den Sarg wieder aus der Erde heben und führte ihn achtzehn Jahre lang mit sich herum, wohin auch immer er sich begab.

Ein Höfling hatte von dem verborgenen Wesen des Steines raunen gehört. Den zu besitzen, meinte er, müsste eine besondere Auszeichnung sein. Er durchsuchte den Leichnam und fand endlich den Stein, der noch unter der Zunge lag – nahm ihn weg und steckte ihn zu sich.

Jetzt konnte des Kaisers Liebe sich von seiner toten Gemahlin trennen, allerdings wandte er sich dem Höfling zu, den er nun gar nicht mehr von sich lassen wollte.

Das verdross den Höfling sehr und als der Hof sich auf einer Reise in der Nähe von Köln aufhielt, warf er den Stein aus Verärgerung in eine heiße Quelle: „Jetzt wirst du Ruhe haben, du lästiger Stein. Hier kann dich niemand wieder herausholen."

Die Neigung des Kaisers zu dem Ritter hörte zwar auf, allerdings fühlte er sich plötzlich wunderbar hingezogen zu dem Ort, wo der Stein verborgen lag. „Hier wollen wir eine Stadt bauen, hier ist es gut zu weilen", sagte er. Deshalb wählte Karl den Aachener Hof, den schon sein Vater Pippin als Aquis Villa, als „Die Wasser-Stadt" gegründet hatte, zu

44

seinem Lieblingssitz. Er ließ dort eine Residenz, eine kaiserliches Pfalz und eine Pfalzkapelle bauen. In dieser Pfalz verbrachte er seine letzten Lebensjahre und er bestimmte, dass er in der Kapelle begraben sein wolle. Außerdem ordnete er an, dass alle seine Nachfolger sich in dieser Stadt salben und weihen lassen sollten.

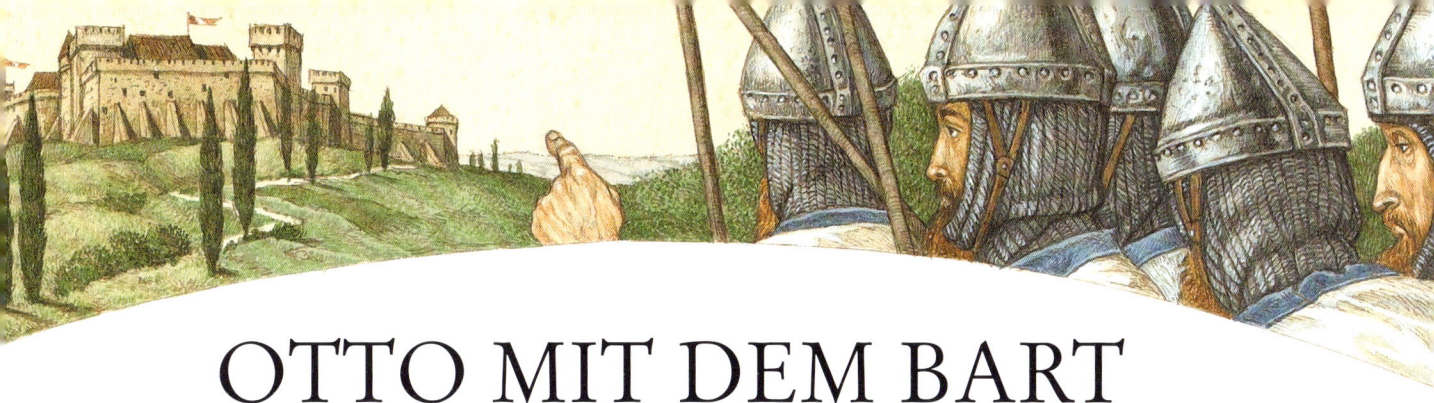

# OTTO MIT DEM BART

Kaiser Otto der Erste war in allen Landen ein gefürchteter Herrscher, weil er streng war und kein Erbarmen kannte. Er hatte einen schönen, roten Bart und was er „bei seinem Barte" schwur, das führte er unter allen Umständen und ohne Gnade durch.

Es trug sich zu, dass er zu Bamberg prunkvoll Hof hielt, und viele geistliche und weltliche Fürsten des Reiches waren angewiesen worden, dort zu erscheinen.

Am Ostermontag zog der Kaiser mit diesen Fürsten in das Münster, um die feierliche Messe zu hören. In der Zwischenzeit wurden in der Burg die Tische für das Gastmahl bereitet, schöne Trinkgefäße wurden darauf gestellt und Brote wurden hingelegt. Am Hofe diente dazumal auch der Sohn des Herzogs von Schwaben, ein edler und zarter Knabe. Dieser schöne Jüngling kam von ungefähr in den Saal und sah die Tische. Er bekam Lust auf das weiche, weiße Brot, griff danach und wollte davon essen. Wie er eben ein Stück abbrach, ging der Truchsess des Kaisers, der alle Arbeiten am Hofe zu beaufsichtigen hatte, vorbei und sprach: „Du ungezogenes Kind. Diesen Unfug werde ich dir austreiben." Er nahm seinen Zeremonienstab und schlug zornig den Knaben auf den Kopf, dass die Haut riss und das Blut aus den Haaren floss. Das Kind fiel hin und weinte heiße Tränen.

Einer der auserlesenen Helden und Ritter des Herzogs von Schwaben, Heinrich von Kempten, sah, was geschehen war und rief: „Truchsess, du Grobian, wie kannst du es wagen, dieses zarte Kind meines Dienstherrn aus Schwaben und meinen Zögling so unbarmherzig zu schlagen. Das sollst du mir büßen!"

„Es ist mein Amt, die unerzogenen Bengel hier am Hofe mit meinem Stab zu züchtigen", verteidigte sich der Truchsess. Aber Herr Heinrich ergriff in seiner Wut einen großen Knüttel, schlug zu und spaltete des Truchsessen Schädel, dass er tot zu Boden fiel.

Im Münster hatten unterdessen die Herren der Messe beigewohnt, Gott gedient und gesungen und kehrten in die Burg zurück. Da sah der Kaiser den blutigen Estrich und fragte nach, was geschehen sei. Man berichtete ihm, was sich zugetragen hatte.

Heinrich von Kempten wurde auf der Stelle vorgeladen und Otto rief zornentbrannt: „Ich schöre bei meinem Bart, dass ich meinen erschlagenen Truchsess an dir rächen werde!"

Als Heinrich von Kempten diesen teuren Eid hörte und merkte, dass es ihm nicht erlaubt wurde, sich zu rechtfertigen, wusste er, dass es um sein Leben ging.

Er fasste sich schnell, sprang auf den Kaiser zu und packte ihn bei seinem langen roten Bart dicht unter dem Kinn. Damit schwang er ihn plötzlich auf den Tisch, so dass die kaiserliche Krone von Ottos Haupte in den Saal fiel.

Als er sah, dass die Fürsten herbei eilten, um den Kaiser von diesem wütenden Menschen zu befreien, zückte der Ritter sein Messer und schrie: „Halt! Keiner rührt mich an, oder der Kaiser liegt tot hier!"

Der Kaiser in seiner Bedrängnis winkte ihnen zu und alle traten einige Schritte zurück. Der furchtlose Heinrich aber sprach: „Kaiser, wollt Ihr Euer Leben retten, so gebt mir die Sicherheit, dass ich nicht sterben muss."

Der Kaiser, der das Messer an seiner Kehle sah, hob alsbald die Hand zum Schwur und gelobte dem edlen Ritter bei seiner kaiserlichen Ehre, dass ihm das Leben geschenkt sein werde.

Sobald Heinrich diese Gewissheit hatte, ließ er den Bart los.

Der Kaiser stand auf und setzte sich gleich wieder auf seinen königlichen Sessel. Dann strich er sich den Bart und sprach: „Ritter, Leib und Leben habe ich Euch zugesichert. Zieht damit Eurer Wege, aber hütet Euch vor meinen Augen; verschwindet von meinem Hof und aus meinem Land, auf dass ich Euch niemals wieder sehe! Ihr seid mir zu grob zu meinen Dienern am Hofe und ich müsste sonst meinen Bart immerzu vor Eurem Schermesser schützen."

Da nahm Heinrich Abschied von allen Rittern und Bekannten und zog nach Schwaben auf seinen Landsitz,

den er vom Bischofsstift in Kempten als Lehen bekommen hatte. Dort lebte er einsam und in Ehren.

Zehn Jahre später, im Jahre 962, zog Kaiser Otto aus um Italien zu erobern und führte einen schweren Krieg jenseits der Berge. Er belagerte eine feste Stadt und es mangelte ihm an Kriegern und Gefolgsleuten. Deshalb sandte er Nachricht nach deutschen Landen an seine Vasallen und Lehnsmänner, sie sollten ihm schnell zu Hilfe eilen auf Strafe des Verlustes ihres Lehens und ihres Dienstes bei ihm. Auch der Bischof von Kempten bekam eine Aufforderung, teilzunehmen.

Der Abt wiederum schickte seine Dienstleute aus und forderte vor allem Herrn Heinrich dazu auf, weil er ihn am dringendsten brauchte.

„Ach edler Herr, was verlangt Ihr da von mir", antwortete der Ritter. „Ihr wisst doch, dass ich die Gunst des Kaisers verwirkt habe. Lieber gebe ich Euch meine beiden Söhne mit, auf dass sie mit Euch ziehen."

„Ich brauche Euch aber dringender als die beiden anderen zusammen", widersprach der Abt. „Ich darf Euch

von diesem Heereszug nicht entlasten, sonst muss ich Euren Landsitz einem anderen zu Lehen geben, der es besser verdient."

„Wenn dem so ist, dass Land und Ehre auf dem Spiel stehen, dann will ich Eurem Gebot Folge leisten, es komme, was da wolle und möge auch des Kaisers Drohung über mich ergehen."

Damit rüstete sich Heinrich zu dem Heereszug und kam bald nach Italien zu der Stadt, wo die Deutschen lagerten. Aber er versteckte sich vor dem Kaiser und hütete sich, ihm unter die Augen zu kommen. Deshalb ließ er sein Zelt ein wenig abseits vom Heere aufschlagen.

Eines Tages stellte er neben seinem Zelt einen Zuber auf, legte sich in das mit warmem Wasser gefüllte Bad und konnte von dort aus die Gegend überschauen. Da sah er einen Haufen Bürger aus der belagerten Stadt kommen und dem Kaiser zu einem Gespräch entgegenreiten, das zwischen beiden Seiten verabredet worden war. Die treulosen Bürger hatten aber eine List ersonnen, denn während der Kaiser ihnen ohne

Waffen und arglos entgegenritt, hielten sie eine bewaffnete Mannschaft im Hinterhalt und überfielen jetzt den Fürsten, um ihn zu fesseln und zu erschlagen.

Als Herr Heinrich diesen Treuebruch und Mord sah, ließ er das Baden und Waschen sein, sprang aus dem Zuber, ergriff mit der einen Hand den Schild und mit der anderen sein Schwert und rannte splitternackt auf das Scharmützel zu. Kühn stürzte er sich auf die Feinde, tötete und verwundete viele von ihnen und schlug den Rest in die Flucht. Darauf löste er die Ketten, womit der Kaiser gefesselt war, rannte geradewegs zurück, stieg wieder in seinen Zuber – und badete weiter. Als Otto zu seinem Heer zurückkam, hätte er gerne gewusst, wer sein unbekannter Retter gewesen wäre. Zornig saß er in seinem Zelt und sprach: „Ich wäre verloren gewesen, wenn mir nicht zwei ritterliche Hände geholfen hätten. Wenn jemand weiß, wer der nackte Mann gewesen ist, so soll er ihn zu mir führen, damit ich ihn reichlich belohnen und ihm meine Huld bieten kann, denn es gibt nirgends einen kühneren Helden."

Nun wussten wohl einige, dass es Heinrich von Kempten gewesen war, aber sie fürchteten sich, den Namen dessen auszusprechen, dem der Kaiser den Tod geschworen hatte.

„Es ist so", sagten sie, „dass er tief in Ungnade gefallen ist. Wenn er Eure Huld und Gnade wieder gewinnen kann, wollen wir ihn gerne zu Euch führen."

Der Kaiser versicherte: „Und wenn er auch meinen Vater erschlagen hätte, so soll ihm das verziehen sein." Darauf nannten sie ihm Heinrich von Kempten. „Dann soll er rasch hierher gebracht werden", befahl der Kaiser. Er nahm sich aber vor, ihn zunächst zu erschrecken und übel zu empfangen. Als Heinrich von Kempten hereingebracht wurde, fuhr ihn der Kaiser zornig an: „Wie könnt Ihr es wagen, mir unter die Augen zu treten? Ihr wisst doch, weshalb ich Euch feindselig gestimmt bin, da Ihr mir meinen Bart gerauft und ohne Schermesser geschoren habt, so dass der jetzt noch keine Locken hat. Welcher Übermut hat Euch hierher gelockt?"

„Gnädiger Herr, ich wurde hierher geführt und mein Lehnsherr, der hier

neben mir steht, gebot es mir bei seiner Huld. Gott sei mein Zeuge, wie ungern ich diese Fahrt unternommen habe. Aber meinen Diensteid musste ich einlösen. Wer mir das übel nimmt, dem werde ich das so belohnen, dass er sein letztes Wörtchen gesprochen hat."

Da begann Otto zu lachen: „Seid mir tausendmal willkommen, Ihr auserwählter Held! Mein Leben habt Ihr gerettet, das ich ohne Eure Hilfe verloren hätte, gesegneter Mann."

Er sprang auf und küsste ihn auf Augen und Wangen. Die Feindschaft zwischen den beiden war vorüber und als Versöhnung schenkte der hochgeborene Kaiser ihm großen Reichtum und brachte ihn zu Ehren, von denen heute noch erzählt wird.

# WILHELM TELL

## Die Ochsen auf dem Acker zu Melchtal

Als Rudolf von Habsburg König war, hatte er in den von ihm eroberten, früher reichsfreien Gebieten der Schweiz, die später Kantone genannt wurden, Landvögte eingesetzt. Kaltblütig und heimtückisch übten diese ihre Befehlsgewalt aus, unterdrückten die Bevölkerung und nötigten ihr ab, was sie begehrten.

Einer von ihnen, Beringer von Landenberg genannt, gebot einst in Sarnen. Der hatte vernommen, dass ein Landmann im Melchtal in Unterwalden einen hübschen Zug Ochsen hatte. Also fuhr er dorthin und schickte seinen Knecht aus, der sollte ihm die Ochsen bringen.

„Bauern sollen den Pflug selber ziehen, ich will die Ochsen haben, bring sie mir", befahl er ihm. Der Knecht tat, was ihm befohlen war. Der arme, biedere Landmann hatte aber einen Sohn und als der Knecht die Joche der Ochsen aufbinden wollte, nahm der Junge den Stecken, womit er die Tiere angetrieben hatte, und schlug dem Knecht die Finger entzwei. Der schrie jämmerlich, lief heim und beklagte sich.

Der brave Sohn wusste, welches Leid ihm bevorstünde, wenn er nicht die Flucht ergriffe. Deshalb machte er sich davon. Aber der Vogt war zornig und schickte seine Leute aus. Sie fanden den Jungen nicht, der war davongekommen. Statt seiner aber fingen sie den alten Vater. Dem ließ der Vogt die Augen ausstechen. Dann nahm er sich, was der Landmann besessen hatte.

## Der Landvogt im Bad

In dieser gleichen Zeit lebte ein rechtschaffener Mann auf Allzellen im Wald, der hatte eine schöne Frau. Als der Landvogt von Unterwalden sie einmal erblickte, gefiel sie ihm sehr. Er stellte ihr nach und verlangte von ihr, dass sie ihm zu Willen sein und

mit ihm zusammenkommen sollte. Aber die fromme und anständige Frau wies ihn ab und bat ihn, von ihr abzusehen und sie in Ruhe zu lassen. Da beschloss er, die Frau zu zwingen. Eines Tages ritt er zu dem Haus der Frau, als ihr Mann gerade ins Holz gefahren war. Er befahl ihr, ihm ein Bad zu bereiten, was sie nur widerwillig ausführte. Als der Zuber gefüllt war, setzte sich der Herr hinein und verlangte, dass die Frau sich zu ihm ins Bad setzen sollte. Aber sie weigerte sich und zögerte die Sache so lange wie möglich hinaus, während sie zu Gott betete, er möge ihre Ehre behüten und beschützen.

Und Gott verließ sie nicht in ihrer Not, denn gerade als diese am größten war, kam ihr Mann aus dem Wald zurück – und wenn er nicht gekommen wäre, hätte die Frau dem Willen des Herrn folgen müssen.

Als er seine Frau so angstvoll vorfand, fragte er: „Was bedrückt dich so sehr, dass du mich nicht freudig begrüßen kannst?"

„Ach, lieber Mann", antwortete sie, „unser Herr ist da drinnen und hat mich gezwungen, ihm ein Bad zu richten und dann verlangte er von mir, dass ich mich zu ihm setzen solle, damit er sein Spiel mit mir treiben könne. Aber ich habe mich geweigert."

Sprach der Mann: „Wenn das stimmt, so beruhige dich und danke Gott, dass du deine Ehre hast behalten dürfen. Ich werde ihm das Bad so segnen, dass er keine mehr belästigen wird."

Er ging hinein zu dem Herrn, der noch im Bad saß und auf die Frau wartete. Und er erschlug ihn mit seiner Axt – so wie Gott es wollte.

## Der Bund auf dem Rütli

Als Gessler Reichsvogt in den Kantonen Uri und Schwyz war, lebte in Steinen, diesseits der Burg, ein Mann namens Werner Stauffacher. Der hatte sich ein gar hübsches Haus gebaut. Auf eine Zeit ritt der Vogt vorüber und sah das Haus. Er ließ den Stauffacher rufen und fragte ihn: „Wem gehört denn diese schöne Herberge?" Der Mann fürchtete sich und wagte nicht zu sagen: „Sie ist mein."

Deshalb antwortete er: „Sie gehört Eurer Gnaden und ist mein Lehen."
Daraufhin schwieg Gessler und ritt nach Hause.

Nun war der Stauffacher ein kluger, verständiger Mann. Er nahm den Vorfall sehr ernst und argwöhnte, dass der Vogt ihm nach dem Leben trachten und sich sein Hab und Gut aneignen wolle.

Aber auch seine Ehefrau Gertrud war eine weise und wackere Frau. Sie spürte seinen Kummer und fragte ihn: „Was bedrückt dich so?"

Und sie fragte so lange, bis er ihr alles erzählt hatte.

Da sagte sie: „Es muss doch einen Rat und eine Lösung geben. Geh zu deinen vertrauten Freunden und berichte ihnen alles. "

So geschah es, dass bald darauf drei Männer auf einer Wiese in der Nähe des Vierwaldstädtersees zusammenkamen: Einer von Uri, Walter Fürst, dann Werner Stauffacher von Schwyz und als dritter Arnold von Melchtal aus Unterwalden, dessen Vater man geblendet hatte.

Sie berieten lange und beschlossen, einen Bund zu schließen und einen Eid zu schwören, dass sie zusammen das Recht im Lande mehren, Unrecht unterdrücken und Böses strafen wollten.

Schließlich fassten sie ihr Vorhaben in den Worten zusammen: „Der dreieinige Gott sei Zeuge, dass wir beschlossen haben, unsere Freiheit gegen jede Macht und Gewalt zu schützen für uns und unsere Kinder."

Feierlich hoben sie die Hand und sprachen alle:

„Wir wollen sein ein einzig Volk von Brüdern, in keiner Not uns trennen und Gefahr. Wir wollen frei sein, wie die Väter waren, eher den Tod als in der Knechtschaft leben. Wir wollen trauen auf den höchsten Gott. Und uns nicht fürchten vor der Macht der Menschen. Das geloben wir und wollen es wagen, so Gott uns helfen wird!"

Immer, wenn sie sich heimlich beraten oder ihre Anschläge planen wollten, fuhren sie seitdem an den Mittenstein an die Stelle, die da heißt „Im Bettlin"; dort tagten sie dann zusammen auf der Rütliwiesen.

## Wilhelm Tell

Der Landvogt Gessler fuhr eines Tages von seinem Sitz in Küssnacht im Kanton Schwyz über den See nach Uri. Als er dort eine Zeit lang in Altdorf wohnte, ließ er auf dem Markt unter der Linde, wo ein jeder vorbeigehen musste, einen Pfahl errichten. Auf den Pfahl stülpte er seinen Hut und postierte einen Knecht als Wächter daneben.

Dann ließ er öffentlich ausrufen: „Wer immer dort vorübergeht, soll sich vor dem Hut neigen und ihn grüßen, als ob der Herr selbst zugegen wäre. Wenn aber jemand den Hut nicht beachtet und nicht grüßt, so wird er mit schweren Bußen bestraft."

Nun war da ein rechtschaffener Mann im Lande, der hieß Wilhelm Tell. Der ging an dem Hut vorüber und neigte sich zu keiner Zeit vor ihm. Der Knecht, der den Hut bewachen sollte, verklagte ihn daraufhin beim Landvogt.

Der Landvogt ließ den Tell vor sich bringen und fragte: „Warum bietest du dem Pfahl mit dem Hut nicht

den Ehrengruß, der doch verordnet wurde?"

Wilhelm Tell antwortete: „Lieber Herr, das ist aus Unachtsamkeit geschehen, ich habe gar nicht gedacht, dass Euer Gnaden diesen Befehl so hoch schätzen und ernst nehmen würden. Wäre ich ein besonnener Mensch, so hieße ich nicht der Tell."

Nun war der Tell ein sehr guter Schütze, wie man sonst im Land keinen mehr fand. Und er hatte zwei Söhne, die er sehr liebte. Das alles wusste der Landvogt. Er schickte aus und ließ die Kinder holen und als sie gekommen waren, fragte er Tell: „Welches Kind ist dir das allerliebste?" – „Herr, sie sind mir alle beide gleich lieb."

Da sprach der Herr: „Wilhelm, du bist ein Meister mit der Armbrust. Man sagt, es gebe darin nicht deinesgleichen. Das wirst du mir jetzt beweisen, denn du sollst einem deiner Kinder diesen Apfel vom Haupte schießen. Wenn dir das gelingt, will ich dich für einen guten Schützen halten."

Der gute Tell erschrak zutiefst, fiel auf die Knie und flehte um Gnade: „Herr, das kann ich nicht, das dürft

Ihr nicht von einem Vater fordern. Alles, was Ihr sonst von mir verlangt, will ich gerne tun, nur dieses nicht!"

Aber der Vogt zwang ihn mithilfe seiner Knechte, sich mit der Armbrust aufzustellen und Gessler selbst legte dem Kinde den Apfel auf das Haupt.

Tell sah, dass er dem nicht mehr ausweichen konnte. Mit Bedacht wählte er einen Pfeil aus dem Köcher und steckte ihn in sein Wams. Dann nahm er einen zweiten Pfeil in die Hand, spannte die Armbrust und bat Gott, er möge sein Kind behüten.

Er zielte – und schoss glücklich und ohne Schaden den Apfel von des Kindes Haupt.

Da sprach der Landvogt zu ihm: „Tell, das war ein Meisterschuss. Aber eins musst du mir noch sagen. Was bedeutet es, dass du den ersten Pfeil in dein Wams gesteckt hast?"

„Das ist so Schützengewohnheit", antwortete Tell.

„Das glaube ich dir nicht", argwöhnte Gessler, ließ nicht ab und wollte hören, was er wirklich gemeint habe. Aber Tell fürchtete sich und meinte: „Den Grund kann ich nur sagen,

wenn Ihr versprecht, dass es mir nicht das Leben kosten wird."

Als der Landvogt ihm das bekräftigt hatte, sprach Tell: „Nun wohl! Weil Ihr mir das Leben zugesichert habt, will ich die Wahrheit sagen, weshalb ich das getan habe. Wenn ich den Apfel verfehlt und mein liebes Kind getroffen hätte, wäre der zweite Pfeil für Euch gewesen, und Euch hätte ich gewiss nicht verfehlt."

Als der Landvogt das vernahm, sprach er: „Wohl Tell, das Leben habe ich dir zugesagt. Aber fesseln will ich dich und einsperren, wo weder Mond noch Sonne dich bescheinen werden, damit ich vor deinen Pfeilen sicher bin."

Er ließ den Schützen fangen und binden und in den Kahn legen, auf dem er auch selbst wieder nach Schwyz fahren wollte. Draußen auf dem See aber zog ein gewaltiges Unwetter auf, die Wellen überspülten das Schiff, es schwankte und drohte unterzugehen. Keiner vermochte den Kahn zu steuern und alle meinten, elend ertrinken zu müssen.

Da sprach einer der Knechte zum Landvogt: „Herr, befehlt uns, den Tell loszubinden. Er ist ein starker, überaus kräftiger Mann, der sich gut auf das Wetter versteht. Mit ihm könnten wir möglicherweise aus der Not entkommen."

Gessler rief den Tell: „Willst du uns helfen und dein Bestes tun, dass wir mit dem Leben davonkommen, dann will ich deine Fesseln lösen lassen."

„Ja, gnädiger Herr", erwiderte Tell, „das will ich gerne tun und traue es mir auch zu."

Tell wurde losgebunden und stand am Steuer und fuhr zuverlässig weiter. Aber er hielt dabei unauffällig Ausschau nach einer Stelle am Ufer, wo er sich vielleicht davonmachen könnte. Zugleich blickte er verstohlen auf seine Armbrust, die in der Nähe lag.

Als sie nun nahe an eine Felsplatte kamen, die ihm für seine Flucht geeignet erschien, rief er den rudernden Knechten zu: „Zieht fest an, wir wollen auf den Felsen zu halten, denn wenn wir den erreichen, haben wir das Schlimmste überstanden."

Sowie sie neben den Felsvorsprung kamen, warf er mit gewaltiger Kraftanstrengung das Schiffsruder um,

61

ergriff seine Armbrust und sprang mit einem mächtigen Satz auf den Fels hinauf, der noch heute die „Tells-platte" genannt wird.

Gleichzeitig stieß er hinter sich den Kahn vom Ufer ab und ließ ihn schwankend und steuerlos auf den Wellen zurück.

Im Schutz des Berges lief er dann nach Schwyz, bis er nach Küssnacht kam.

Am Ende des Hohlweges, der von Immensee nach Küssnacht führte und noch immer begangen werden kann, versteckte er sich in einem Gebüsch. Er sagte zu sich: „Durch

diese schmale Gasse muss der Land-vogt kommen", und wartete.

Und als Gessler mit seinen Dienern geritten kam, hörte Tell in seinem Hinterhalt, wie sie allerlei Pläne gegen ihn schmiedeten. Da spannte er den Bogen und schoss dem Land-vogt den Pfeil in die Brust, dass er tot umfiel. Dann lief er zurück über die Berge nach Uri. Dort fand er seine Gesellen, den Werner Stauffacher von Schwyz, den Arnold aus Un-terwalden und den Walter Fürst von Uri, dessen Schwiegersohn Wilhelm Tell war. Ihnen berichtete er alles, was sich zugetragen hatte.

# HEINRICH DER LÖWE

Wie kommt der Löwe nach Braunschweig?

Heinrich war Herzog von Bayern und Schwaben. Er war ein Vetter von Friedrich Barbarossa, auf dessen Feldzügen er nach Italien mitzog. Er weigerte sich aber hartnäckig, an den ersten Kreuzzügen teilzunehmen.

1166 verstärkte er nach vielen Differenzen mit anderen Fürsten die Befestigungen von Braunschweig, wo er sich am liebsten aufhielt, und vergrößerte auf dem Burgplatz als Zeichen seiner Macht die schon ältere Burg Dankwarderode. Dort errichtete er den ehernen Löwen. Was hatte es mit diesem Löwen für eine Bewandtnis? War er als Zeichen seiner Würde anzusehen?

Heinrichs erste Ehe wurde nach 15 Jahren geschieden, weil die Kinder, die seine Frau ihm geboren hatte, im frühen Alter verstorben waren. 1168 heiratete er die erst zwölfjährige Königstochter Mathilde von England, eine Schwester von Richard Löwenherz. Das war ein geschickter Schachzug, denn dadurch wurde sein Ansehen im Reich und unter den Fürsten noch mehr gehoben.

Im Jahre 1172 unternahm Heinrich eine Pilgerfahrt nach Jerusalem. Er zog bis Konstantinopel und fuhr dann mit dem Schiff hinüber nach Akkon. Lange Zeit irrten sie auf offener See umher, ohne Land zu finden, denn ein schwerer Sturm hatte sie vom Kurs abgebracht. Bald gingen den Reisenden die Speisen aus und der Hunger quälte sie schrecklich. In dieser Not wurde beschlossen, Lose in einen Hut zu werfen und wessen Los gezogen wurde, der musste sich opfern und den anderen Männern zur Nahrung dienen. So wurde den übrigen das Leben eine Zeit lang gefristet, bis das Los schließlich auf den Herzog fiel. Da sprach einer der Knechte zu sich selbst: „Ich werde meinen Herrn nicht töten. Und wenn alles verloren ist, so hab ich mir etwas anderes ausgedacht. Ich werde ihn in einen ledernen Sack einnähen und abwarten, was geschehen wird."

Der Herzog stimmte zu und der Knecht nahm die Haut eines Ochsen, den sie vordem auf dem Schiff geschlachtet hatten, wickelte ihn hinein und nähte sie zu. Doch hatte er das Schwert des Herzogs auch hineingesteckt. Nicht lange, so kam der Vogel Greif geflogen, fasste den ledernen Sack in die Klauen und trug ihn durch die Lüfte über das weite Meer bis in sein Nest. Dann aber flog er aus auf neuen Fang und ließ die Haut liegen. Herzog Heinrich nahm sein Schwert und zerschnitt die Nähte des Sackes. Als die jungen Greifen den lebendigen Menschen erblickten, fielen sie gierig und mit Geschrei über ihn her. Aber der Held wehrte sich tapfer und schlug sie alle tot. Dann schnitt er eine Greifenklaue ab, die er zum Andenken mit sich nahm, stieg aus dem Nest und den Baum hinunter und befand sich in einem weiten, wilden Wald.

Als er eine Weile gegangen war, sah er einen fürchterlichen Lindwurm mit einem Löwen kämpfen. Der Löwe war in großer Gefahr zu unterliegen. Herzog Heinrich zögerte nicht, sondern sprang dem Löwen bei und endlich gelang es dem Helden den Lindwurm mit seinem guten Schwerte zu töten. Hierauf nahte sich der Löwe, legte sich zu des Herzogs Füßen auf den Boden und verließ ihn von dieser Stunde an nie wieder.

Als der Herzog nach Verlauf einiger Zeit, währenddessen das treue Tier ihn mit gefangenem Hirsch und Wild ernährt hatte, überlegte, wie er aus dieser Einöde und der Gesellschaft des Löwen wieder unter die Menschen gelangen könnte, baute er sich ein Floß aus Holz und setzte es aufs Meer. Als der Löwe einmal in den Wald gegangen war, bestieg Heinrich sein Fahrzeug und stieß vom Ufer ab. Aber der Löwe, der bei seiner Rückkehr seinen Herrn nicht mehr fand, kam ans Ufer und erblickte ihn in weiter Ferne. Alsbald sprang er in die Wogen und schwamm so lange, bis er auf dem Floß beim Herzog war, zu dessen Füßen er sich ruhig niederlegte. Lange trieben sie auf dem Meer und wieder überkam sie Hunger und Elend. Da erschien dem Notleidenden der Teufel und sprach: „Herzog, du leidest hier Mangel und Pein und daheim in Braunschweig ist

lauter Freude und Hochzeit. Heute Abend vermählt sich ein fremder Fürst mit deiner Gemahlin, denn die gesetzten sieben Jahre seit deiner Ausfahrt sind dann verstrichen."

„So will ich mich in Gottes Wille fügen", sagte Heinrich traurig.

„Du redest noch viel von Gott", sprach der Versucher, „der hilft dir nicht aus diesen Wasserwogen. Ich aber will dich noch heute zu deiner Gemahlin bringen, wenn du dich mir verschreiben willst."

Lange redeten sie miteinander, denn Herr Heinrich wollte sein Gelübde gegen Gott nicht brechen.

Da schlug ihm der Teufel vor: „Ich werde noch heute Abend dich und danach auch deinen Löwen auf den Giersberg vor Braunschweig tragen und hinlegen. Dort sollst du warten, bis ich wiederkomme. Finde ich dich nach der Rückkehr schlafend, so bist du mir und meinem Reich verfallen."

Der Herzog, den die Sehnsucht nach seiner geliebten Gemahlin quälte, stimmte zu und hoffte auf des Himmels Beistand, wider alle Künste des Bösen. Da griff ihn der Teufel, führte ihn durch die Lüfte, legte ihn auf

dem Giersberg nieder und rief: „Nun wache, Herr! Ich kehre bald wieder." Aber Heinrich war sehr müde und der Schlaf setze ihm mächtig zu. Der Teufel flog zurück und holte auch den Löwen ab, wie er versprochen hatte. Bald kam er mit dem treuen Tier dahergeflogen. Noch in der Luft sah der Teufel, wie der Herzog müde auf dem Giersberg eingeschlafen war und freute sich schon im Voraus. Aber der Löwe, der seinen Herrn für tot hielt, fing an so laut zu brüllen, dass Heinrich im selben Augenblick erwachte. Der böse Feind sah sein Spiel verloren und bereute zu spät, dass er das Tier auch geholt hatte. Er warf den Löwen aus der Luft zu Boden, dass es nur so krachte. Der Löwe kam glücklich zu seinem Herrn und zusammen gingen sie hinab in die Stadt Braunschweig. Großes Getöse scholl ihnen entgegen. „Was heißt der Krach und das Pfeifen?", fragte Heinrich einen Diener. „Ist denn ein fremder Herr in diesem Haus?"

„Kein Fremder, denn er ist mit unserer gnädigen Frau verlobt und bekommt heute das Braunschweiger Land", war die Antwort.

„So bitte ich die Braut um einen Trunk Wein, mein Herz ist mir ganz matt", sagte der Herzog. Ein Diener hinterbrachte der Fürstin, dass ein fremder Gast, dem ein Löwe folgte, um einen Trunk Wein bitten lasse. Die Herzogin verwunderte sich, füllte einen Kelch mit Wein und sandte ihn dem Pilger.

„Wer magst du wohl sein", sprach der Diener, „dass du von diesem Wein zu trinken begehrst, den man allein der Herzogin einschenkt?"

Der Pilger trank, nahm seinen goldenen Ring, warf ihn in den Becher und hieß diesen der Braut zurücktragen. Als sie den Ring erblickte, worauf des Herzogs Schild und Name geschnitten war, erbleichte sie, stand eilends auf und trat an die Zinne, um nach dem Fremden zu schauen, der da saß mit seinem Löwen. Dann ließ sie den Mann in den Saal bringen und fragte ihn: „Wie bist du zu dem Ring gekommen und warum hast du ihn in den Becher gelegt?"

„Den Ring habe ich selbst genommen, vor mehr als sieben Jahren, und ich habe ihn dort hingelegt, wo er hingehört!"

Da schaute sie den Fremden an und verlor vor Freude fast die Besinnung, weil sie ihren geliebten Gemahl erkannt hatte. Sie bot ihm ihre weiße Hand und hieß ihn von ganzem Herzen willkommen. Da herrschte große Freude im ganzen Saal. Herzog Heinrich setzte sich zu seiner Mathilde an den Tisch, dem jungen Bräutigam aber wurde ein schönes Fräulein aus Franken angetraut.

Hierauf regierte Herzog Heinrich lange und glücklich in seinem Reich. Als er 1195 in hohem Alter gestorben war, legte sich der Löwe draußen vor die Tür des Braunschweiger Doms und verschmähte Speise und Trank, bis auch er starb.

Links neben der Tür des nördlichen Kreuzflügels sind noch heute tiefe Furchen zu sehen, die er in seinem Schmerz und seiner Trauer und dem Wunsch, zum Grab seines Herrn zu gelangen, mit den Pranken in den harten Stein gekratzt hat. Das Tier liegt auf der Burg begraben und seiner Treue zu Ehren wurde ihm eine Säule errichtet.

70

# DER RITTER
# MIT DEM SCHWAN

**Königin Beatrix**

Zu Flandern, im kleinen Königreich Lillefort, herrschte einst Pyrion mit seiner Gemahlin Matabruna. Sie hatten einen Sohn, der hieß Oriant. Oriant war ein guter Jäger, der oft durch die Wälder seines Landes streifte.

Es trug sich zu, dass er lange Stunden vergeblich einen Hirsch gejagt hatte. Schließlich sprang das Tier in ein Wasser und verschwand vor seinen Augen. Müde und erhitzt setzte sich Oriant an den Rand einer Quelle und wollte sich ausruhen. Da trat plötzlich eine Jungfrau von edler Gestalt nackt aus dem Gebüsch hervor. Die sah seine Hunde und fragte: „Wer hat dir erlaubt, in meinem Wald zu jagen?"

Oriant erklärte ihr, dass der Wald zu dem Königreich seines Vaters gehöre. Wie er mit ihr sprach, erfuhr er, dass sie Beatrix heiße. Oriant wurde von ihrer wunderbaren Schönheit so tief berührt, dass er ihr seine Liebe erklärte und sie auf der Stelle bat, ihm zu folgen und seine Gemahlin zu werden. Beatrix willigte ein, und der junge König nahm sie mit aus dem Wald nach Lillefort, um dort seine Hochzeit zu feiern. Aber Matabruna grollte ihrem Sohn, weil er die junge Braut so unbedacht und ohne Gefolge heimgeführt hatte. Sie misstraute der fremden Frau, von der niemand wusste, woher sie stammte.

Nach einiger Zeit wurde die junge Königin schwanger. Als sie nun eines Tages am Fenster stand, sah sie, wie eine Frau zwei Kindlein, die sie auf einmal geboren hatte, zur Taufe trug. Da rief sie heimlich ihren Gemahl zu sich und fragte: „Ist es denn möglich, dass eine Frau zwei Kinder zugleich gebären kann, ohne zwei Männer zu haben?" – „Oh ja", antwortete Oriant, „mit Gottes Gnaden kann eine Frau sieben Kinder auf einmal von ihrem Mann empfangen."

Bald darauf wurde das Land überfallen und Oriant, der nach dem Tode seines Vaters den Thron bestiegen hatte, musste in den Krieg ziehen. Da bat er seine Mutter, die schwangere Gemahlin sorgsam zu pflegen und ihr bei der Geburt beizustehen. Dann nahm er Abschied.

Matabruna aber sann auf nichts als auf Böses und beriet sich mit der Wehmutter, dass sie der jungen Königin bei der Geburt statt der Kinder junge Hunde unterschieben und die Kinder selbst töten wollte. Danach würden sie Beatrix beschimpfen und vor aller Welt verleumden. Als die Zeit heranrückte, wurde Beatrix von sieben Kindern entbunden, sechs Jungen und einem Mädchen. Und jedes Kindlein trug eine feine Silberkette um den Hals. Matabruna trug sogleich die Kinder weg und legte sieben Welpen hin, die Wehmutter aber rief laut: „Ach Königin, was ist Euch geschehen! Ihr habt sieben scheußliche Welpen geboren. Bringt sie weg und lasst sie tief in die Erde vergraben, damit dem König seine Ehre bewahrt bleibe."

Beatrix weinte und rang verzweifelt die Hände, dass es einen erbarmen musste, aber die alte Königin fing an, sie heftig zu schelten und des Ehebruchs zu beschuldigen.

Darauf ging Matabruna weg und rief einen vertrauten Diener, dem sie die sieben Kinder übergab und sprach: „Die silbernen Ketten bedeuten, dass sie dereinst Räuber und Mörder werden. Deshalb muss man eilen, sie aus der Welt zu schaffen."

Der Knecht wickelte die Kinder in seinen Mantel, ritt in den Wald und wollte sie dort töten; als sie ihn aber anlachten, bekam er Mitleid, legte sie auf den Waldboden und empfahl sie der Barmherzigkeit Gottes. Dann kehrte er an den Hof zurück und sagte der Alten, er habe ihren Befehl ausgeführt. Dafür gab sie ihm großen Lohn.

Nachdem er den Feind besiegt hatte, kehrte der König heim – und wurde mit Klagen und Wehgeschrei empfangen: „Eure Gemahlin hat sieben junge Hunde geboren, die wir sogleich weggeschafft haben!"

Der König erschrak und betrübte sich sehr; er versammelte seinen Rat und fragte, was zu tun wäre? Einige rieten, die Königin auf den Scheiterhaufen zu stellen und zu verbrennen, andere aber, sie allezeit gefangen zu halten. Dieser letzte Rat gefiel dem König besser, weil er sie noch immer liebte. Also blieb die unschuldige Beatrix eingeschlossen, bis zu der Zeit, da sie wieder erlöst werden sollte.

## Helias und seine Geschwister

Die sieben neugeborenen Kinder im Wald indessen weinten vor Hunger. Das hörte ein Einsiedler, Helias mit Namen. Er fand sie und trug sie in seinem Gewand in die Klause. Der alte Mann wusste aber nicht, wie er sie ernähren sollte, da kam eine weiße Geiß gelaufen, die bot den Kindern ihr Euter, so dass sie an den Zitzen trinken konnten, und sie sogen begierig daran.

Die Geiß kam nun jeden Tag, bis die Kinder größer wurden. Der Einsiedler machte ihnen kleine Röcklein von Blättern, sie spielten zwischen den Bäumen und Sträuchern und suchten sich wilde Beeren, die sie aßen.

Der Einsiedler hatte die sieben Kinder auch getauft und eines, das er besonders liebte, nach seinem eigenen Namen Helias benannt. Die Kinder aber liefen in ihren Blätterkleidchen immer noch barfuß und barhaupt im Wald herum und spielten miteinander.

Es geschah, dass ein Jäger der alten Königin dort jagte und alle sieben Kinder, mit ihren Silberketten um den Hals, unter einem Baum sitzen sah. Sie hatten Wildäpfel von dem Baum gerupft und aßen die. Als der Jäger sie grüßte, erschraken die Kinder und flohen zu der Klause.

Der Einsiedler trat heraus und bat den Jäger: „Tut den Kleinen kein Leid an."

Als dieser Jäger wieder nach Lillefort kam, erzählte er der alten Königin alles, was er gesehen hatte.

„Welch ein Mirakel", dachte Matabruna. „Gewiss sind das Oriants sieben Kinder, die von Gott gerettet wurden." Da sprach sie sogleich: „Guter Gesell, nehmt etliche von euren Leuten mit und kehrt zurück in den Wald. Dort sollt ihr die sieben Kinder töten und mir die sieben silbernen Ketten als Wahrzeichen bringen! Bringt ihr die Ketten, so sollt ihr großen Lohn haben! Wenn ihr das aber nicht tut, dann ist es um euer eigenes Leben geschehen."

„Euer Befehl soll ausgeführt werden", sagte der Jäger.

Er nahm sieben seiner Männer mit und machte sich auf den Weg in den Wald. Sie kamen durch ein Dorf, wo ein großer Haufen Menschen ver-

sammelt war. „Was geht hier vor?",
fragte der Jäger und einer aus der
Menge antwortete: „Es soll eine Frau
hingerichtet werden, die ihr Kind er-
mordet hat."

„Ach", dachte der Jäger, „diese Frau
wird verbrannt, weil sie ein Kind ge-
tötet hat. Und ich soll sieben Kinder

morden! Verflucht sei die Hand, die
dergleichen vollbringt!"

Da sprachen auch alle seine Männer: „Nein, wir wollen den Kindern
nichts zu Leide tun, sondern ihnen
nur die Kettchen abnehmen und die
der Königin bringen, zum Beweis,
dass die Kinder tot seien."

Sie zogen weiter in den Wald bis zu der Klause. Der Einsiedler war aber gerade ausgegangen, um im Dorf Brot zu erbetteln. Eines der Kinder hatte er mitgenommen.

Die sechs anderen schrien vor Furcht, als die fremden Männer sahen, aber der Jäger sprach: „Habt keine Angst, wir wollen euch nichts zuleide tun."

Nun nahmen die Männer den Kindern ihre Kettchen vom Hals. In demselben Augenblick wurden sie zu weißen Schwänen und flogen hoch hinauf in die Luft.

Die Jäger erschraken sehr, doch zuletzt kehrten sie an den Hof zurück und brachten der alten Königin die sechs Ketten. „Wir haben die siebente verloren!", beteuerten sie.

Darüber war Matabruna sehr zornig. Sie ließ einen Goldschmied kommen und befahlt ihm, aus den sechs Ketten einen Kelch zu schmieden.

Der Goldschmied nahm in seiner Werkstatt eine der Ketten und wollte sie im Feuer prüfen, ob das Silber gut wäre. Da wurde die Kette in seiner Hand so schwer, dass sie alleine mehr wog als vorher alle sechs zusammen. Darüber wunderte sich der Goldschmied, rief seine Frau, gab ihr die fünf anderen Ketten und sprach: „Verwahre sie wohl!"

Aus der sechsten Kette aber, die im Feuer geschmolzen war, wirkte er zwei Kelche, jeden so groß, wie ihn Matabruna verlangt hatte. Den einen dieser Kelche behielt er auch noch, den anderen brachte er der Königin, die sehr zufrieden mit der Größe und Schwere des Gefäßes war.

Kurze Zeit, nachdem die Kinder in Schwäne verwandelt worden waren, kam der Einsiedler mit dem jungen Helias wieder heim und erschrak, als die anderen fehlten. Sie suchten den ganzen Tag bis zum Abend nach ihnen, fanden aber nichts und waren traurig und bedrückt.

Morgens in der Frühe begann der kleine Helias wieder nach seinen Geschwistern zu suchen, bis er an einen Weiher kam, auf dem sechs Schwäne schwammen. Sobald diese ihn bemerkten, kamen sie auf ihn zu geschwommen und ließen sich von ihm mit Brot füttern.

Von nun an ging er alle Tage an das Wasser und brachte den Schwänen Brot. So verging eine geraume Zeit.

## Helias der Ritter

Am Hofe, wo Beatrix noch immer gefangen gehalten wurde, überlegte Matabruna unentwegt, wie sie die junge Frau vernichten könne. Sie stiftete daher einen falschen Zeugen an, welcher aussagte: „Ich habe beobachtet, wie die junge Königin die Ehre ihres Gatten besudelt hat!"

Das erbitterte Oriant von neuem und als der falsche Kläger sich auch noch erbot, seine Aussage in einem Gotteskampf gegen jedermann zu bezeugen, schwor der König: „Beatrix soll sterben, wenn sich kein Kämpfer findet, der sie verteidigen will." In dieser großen Not betete Beatrix inbrünstig zu Gott und Gott erhörte ihr Flehen und sandte einen Engel zum Einsiedler. Dieser erfuhr endlich alles, was sich zugetragen hatte, wer die Kinder und wer die Schwäne waren. Auch wusste er jetzt, in welcher Gefahr ihre arme Mutter schwebte.

Helias, der inzwischen zum Jüngling herangewachsen war, zögerte keinen Augenblick, sondern machte sich in seinem Gewand aus Blättern auf, um an den Hof des Königs, seines

Vaters, zu gehen. Das Gericht war gerade versammelt und der Verräter stand zum Kampf bereit.

Barfuß und barhaupt trat Helias in den Kreis und hatte als einzige Waffe nur seine hölzerne Keule. In einem schweren Kampf besiegte er damit seinen Gegner und offenbarte so die Unschuld der geliebten Mutter, die sogleich befreit und wieder in ihre Rechte eingesetzt wurde.

Der ganze Verrat wurde nun enthüllt und der Goldschmied herbeigerufen, der die silbernen Ketten der Schwäne hatte umschmieden sollen. Er kam und brachte fünf Ketten und den Kelch, der ihm von der sechsten übrig geblieben war. Helias nahm die Ketten und war sehr begierig, seine Geschwister wieder zu erlösen.

Plötzlich sah man, wie sechs Schwäne zu dem Schlossteich geflogen kamen. Da gingen Vater und Mutter mit Helias hinaus und das ganze Volk versammelte sich am Ufer des Wassers und wollte dem Wunder zusehen. Sobald die Schwäne Helias erblickten, schwammen sie herzu und er strich ihre Federn und wies ihnen die Ketten. Hierauf legte er einem nach dem anderen eine Kette um den Hals und im Augenblick standen sie in ihrer menschlichen Gestalt vor ihm, vier Söhne und eine Tochter. Beglückt liefen die Eltern herbei und umarmten und küssten ihre Kinder.

Der sechste Schwan aber, als er sah, dass er allein übrig blieb und kein Mensch wurde, war tief betrübt und zog sich in seinem Kummer die Federn aus. Helias weinte mit ihm, versuchte ihn zu trösten und mahnte ihn: „Habe Geduld, bis auch du erlöst werden kannst."

Der Schwan neigte den Hals, als ob er ihm dankte, und alle hatten großes Mitleid mit ihm. Die fünf anderen Kinder wurden zur Kirche geführt und noch einmal getauft; die Tochter wurde Rose genannt. Die vier Brüder wuchsen jetzt am Hofe auf und wurden fromme und tapfere Helden.

### Helias und Clarissa

König Oriant beschloss nun, die Herrschaft des Reiches in die Hände seines Sohnes Helias zu legen. Als der junge König Helias den Thron

bestiegen hatte, versprach er: „Vor allen Dingen will ich das Recht walten lassen."

Dann eroberte er die feste Burg, in die Matabruna geflohen war, und lieferte sie dem Gericht aus. Die Richter verurteilten die Übeltäterin zum Tode auf dem Scheiterhaufen und dieses Urteil wurde sodann vollstreckt.

Eines Tages erblickte Helias auf dem Schlossteich den Schwan, seinen Bruder, der einen Nachen hinter sich herzog. Jetzt hatte er keine Ruhe mehr. Er versammelte seine Eltern und Geschwister um sich und sprach: „Nachdem ich hier einige Zeit regiert habe, halte ich das Erscheinen meines Bruders für ein Zeichen des Himmels, dass ich dem Schwan folgen und irgendwo in der Welt Ruhm und Ehre erwerben soll."

Dann küsste er sie alle zum Abschied und ließ sich Harnisch und Schwert bringen. Oriant, sein Vater, schenkte ihm ein Horn und sprach: „Dieses Horn wird schon seit vielen Generationen in unserer Familie gehütet. Verwahre es wohl, denn alle, die es blasen hören, denen mag kein Leid geschehen."

Zu dieser Zeit herrschte Otto der Erste als Kaiser von Deutschland und ihm unterstand dabei das Ardennerland mit der Stadt Bouillon. Der Kaiser hielt gerade seinen Reichstag zu Nimwegen und jeder, der über ein Unrecht zu klagen hatte, kam dorthin und brachte seine Worte vor.

Auch der Graf von Frankenberg trat vor den Kaiser und beschuldigte die Herzogin von Bouillon: „Die Herzogin hat während einer dreijährigen Meerfahrt ihres Gemahls eine uneheliche Tochter geboren und jetzt hat sie ihren Gemahl vergiftet, damit der Betrug nicht offenbar wird und die Tochter nach seinem Tode die Herrschaft übernehmen kann. Deshalb ist das Land mir, dem Bruder des verstorbenen Herzogs, verfallen."

Die Herzogin verteidigte sich so gut sie konnte, aber das Gericht sprach dennoch einen Gotteskampf aus.

„Wenn die Herzogin unschuldig ist, muss sie einen Ritter stellen, der bereit ist, gegen den Grafen von Frankenberg zu kämpfen und damit ihre Unschuld darzulegen."

Aber die Herzogin sah sich vergebens nach einem Ritter um.

Da hörten sie alle plötzlich ein Horn blasen. Der Kaiser schaute aus dem Fenster und erblickte auf dem Wasser den Nachen, von dem Schwan geleitet, in welchem Helias in voller Waffenrüstung stand.

Kaiser Otto verwunderte sich sehr und als das Schiffchen anhielt und Helias an Land stieg, ließ er ihn sogleich vor sich führen.

Helias grüßte den Kaiser und sprach: „Ich bin ein schlichter Ritter, der Abenteuer sucht und hierher kommt, Euch zu dienen."

Der Kaiser antwortete: „Abenteuer habt Ihr hier gefunden! Hier steht eine zu Tode verurteilte Herzogin. Wollt Ihr für sie kämpfen, so könnt Ihr sie retten, wenn sie unschuldig ist."

Helias sah die Herzogin an, die ihm sehr rechtschaffen zu sein schien, und ihre schöne Tochter gefiel ihm herzlich wohl. Sie aber schwor ihm unter Tränen, dass sie unschuldig sei. Da gelobte Helias, ihr Kämpfer zu werden. Das Gefecht wurde hierauf anberaumt und in einem harten Kampf besiegte der Ritter mit dem Schwan den Grafen und schlug ihm

den Kopf ab. Somit wurde die Unschuld der Herzogin offenbar.

Der Kaiser begrüßte den Sieger, die Herzogin zog sich zu Gunsten ihrer Tochter Clarissa zurück und verließ das Land. Dann wurde die Hochzeit von Clarissa mit dem Helden gefeiert.

Darauf zogen sie nach Bouillon, wo sie mit Freuden empfangen wurden. Nach neun Monaten gebar die junge Herzogin eine Tochter, die Ida genannt wurde.

Eines Tages aber fragte die Herzogin im Gespräch ihren Gemahl nach seinen Freunden und Verwandten und woher er denn gekommen wäre?

Helias antwortete: „Das darf ich Euch nicht sagen und ich verbiete Euch, jemals wieder danach zu fragen, denn sonst muss ich Euch für immer verlassen."

Sie fragte ihn also nicht mehr und sechs Jahre lebten sie in Ruhe und Frieden zusammen.

Dann aber konnte sie ihre Neugierde doch nicht mehr bezwingen und eines Nachts sprach sie: „O mein Herr, ich möchte doch so gerne wissen, woher Ihr gekommen seid."

Als Helias das hörte, wurde er sehr betrübt und antwortete: „Ihr wisst, dass Ihr das nicht fragen sollt. Nun muss ich Euch sagen, dass ich morgen das Land verlassen werde."

Wie sehr sie und ihre Tochter auch weinten und klagten, er stand am Morgen auf, rief seine Mannen und gebot ihnen, seine Frau und seine Tochter nach Nimwegen zu geleiten, damit er sie dort in die Obhut des Kaisers empfehlen könne, denn er selbst werde niemals wiederkommen. Indem hörte man schon den Schwan schreien, der sich über die Rückkehr des Bruders freute, und Helias stieg in den Nachen.

Die Herzogin reiste mit ihrer Tochter zu Land nach Nimwegen, wohin der Schwan mit dem Schiffchen auch bald geschwommen kam.

Helias blies in das Horn, trat vor den Kaiser und sprach: „Ich bin gezwungen, das Land zu verlassen und empfehle meine Tochter Ida Eurem Schutz."

Kaiser Otto sagte ihm das zu und Helias nahm Abschied, küsste seine Gemahlin und sein Kind zärtlich und fuhr in dem Nachen davon.

## Bruder Schwan

Der Schwan geleitete ihn wieder nach Lillefort, wo alle, zumal seine Mutter Beatrix, ihn fröhlich begrüßten.

Helias überlegte, wie er seinen Bruder Schwan wieder erlösen könnte.

Er ließ daher den Goldschmied rufen und überreichte ihm die beiden Kelche mit dem Befehl, daraus eine Kette zu schmieden, wie die gewesen war, die er damals umgeschmolzen hatte.

Der Schmied verrichtete die Arbeit und brachte die Kette. Helias ging zu dem Schwan und hängte ihm die Kette um. Da wurde der Vogel sogleich ein schöner Jüngling. Er wurde auch noch einmal getauft und Emerich genannt.

Helias blieb nicht lange mehr in Lillefort. Er rief seine Verwandten zusammen und erzählt ihnen alles, was sich in Bouillon zugetragen hatte. Danach verließ er sie und sprach: „Ich werde der Welt entsagen und in ein Kloster gehen. Zuvor aber will ich hier in Lilllefort ein schönes Schloss bauen, zum Andenken an alles was geschehen ist. Es soll genau so aussehen wie das Schloss in den Ardennen und auch den Namen Bouillon tragen."

Als er dies vollbracht hatte, ging er in ein Kloster und blieb dort bis an sein Lebensende.

# Die Deutschen Sagen der Brüder Grimm

Die Brüder Jakob und Wilhelm Grimm sind weltbekannt für ihre Sammlung von Kinder- und Hausmärchen. Generationen von Kindern sind mit diesen Märchen aufgewachsen, lieben und kennen die Geschichten, die längst nicht mehr aus unserem Kulturerbe wegzudenken sind.

Nicht weniger bedeutend – doch weniger bekannt – ist ihre Sammlung der Deutschen Sagen, die 1816 erschien und über 550 Ortssagen und geschichtliche Sagen beinhaltet.

In der Ankündigung zu ihrer ersten Ausgabe heißt es über den Unterschied zwischen Märchen und Sage: „Märchen erzählen vom Leben des einzelnen Menschen und zugleich von der ganzen Menschheit. Sie erinnern uns an »alte Zeiten, wo das Wünschen noch geholfen hat«, wie es im Märchen vom Froschkönig heißt. Alle Wunder sind möglich, Mond und Sterne, Tiere und Pflanzen sind Teile einer großen Ordnung. Es gibt keine Nähe und keine Ferne, keine Jahreszahlen und kein Datum, nur Namen und Orte, die für alle gelten können. Und sie berühren stets die Frage nach dem Sinn des Daseins.

Die Sage dagegen erzählt von konkreten Orten und Personen. Sie nennt Stellen, an denen bekannte Menschen etwas Bestimmtes erlebt oder vollbracht haben. Sie schildert eine Erfahrung an einem besonderen Ort zu einer besonderen Zeit. Sie verknüpft das Natürliche mit dem Übernatürlichen und erklärt unbegreifliche Naturereignisse. Die geschichtlichen Sagen ranken sich um historische Persönlichkeiten oder Ereignisse, die im Gedächtnis der Menschen haften, um geliebte Kaiser oder gefürchtete Herrscher, um große Schlachten oder den Mut

eines einzelnen Fürsten. Sie erinnern an rätselhafte Frauengestalten, an Ränke und Intrigen. In dieser Welt geht es nicht idyllisch zu und die Gegensätze von Armut und Reichtum, Tücke und Freundlichkeit sind nicht zuletzt ein Spiegelbild gesellschaftlicher Verhältnisse."

Die Brüder Grimm haben ihre Sagensammlung nicht allein aus mündlicher Überlieferung aufgeschrieben. Sie forschten in den vielen alten Chroniken, Reisebeschreibungen, Sammlungen und Dichtwerken nach Erzählungen aus vergangenen Jahrhunderten, um die spannenden und rätselhaften Sagen für die Nachwelt zu erhalten. Für die vorliegende Anthologie wurden Sagen ausgewählt, die bis heute lebendig geblieben sind, wie etwa die vom Rattenfänger zu Hameln oder Wilhelm Tell. Um

diesen Sagenschatz für Kinder lesbar und vorlesbar zu machen, wurden die Texte von der renommierten Märchenkennerin und -erzählerin Arnica Esterl behutsam bearbeitet, und mit viel Gefühl nacherzählt – ohne den Inhalt anzutasten oder den von den Brüdern Grimm geprägten Ton zu verändern.

Neben dem Text erzählen die eindrucksvollen Bilder des Illustrators Lev Kaplan anschaulich die sagenumwobenen Geschichten mit. Er lässt den Leser in längst vergangene Zeiten eintauchen sorgt dafür, dass die alten Sagen neu aufleben. So erleben wir die Geschichten von Frau Holle, Wilhelm Tell oder König Karl auf neue, lebendige Weise und bewahren den alten Schatz wundervoller Sagen und Mythen für uns und unsere Kinder – so wie es die Brüder Grimm einst geplant hatten.